Pe. ISAC LORENA, C.Ss.R.

Novena Comunitária ao Espírito Santo

EDITORA
SANTUÁRIO

"Mas nós nem sequer ouvimos dizer que existe o Espírito Santo." (At 19,2)
Que o Espírito Santificador penetre e ilumine nossa piedade cristã, para que essa piedade, sempre mais profunda e esclarecida, possa orientar-se, com toda a segurança, em direção ao Pai!
É o que desejam estas linhas.

1ª edição: 1979

40ª reimpressão

Com aprovação eclesiástica

Composição, CTcP, impressão e acabamento:
Editora Santuário - Rua Pe. Claro Monteiro, 342
12570-000 – Aparecida-SP – Tel. (12) 3104-2000

ORAÇÃO PREPARATÓRIA

(Antes da reflexão de cada dia)

Dirigente: Vinde, Santo Espírito!

Todos: **Enchei os corações de vossos fiéis, e acendei neles o fogo de vosso amor!**

Dirigente: Enviai vosso Espírito, e tudo será criado,

Todos: **E renovareis a face da terra.**

Dirigente: Oremos: Ó Deus, que iluminastes os corações de vossos fiéis com a luz do Espírito Santo, concedei-nos que, pelo mesmo Espírito, apreciemos o que é bom, e gozemos sempre de sua consolação. Por Cristo, Senhor nosso.

Todos: **Amém.**

Dirigente: Deus, vinde em meu auxílio!

Todos: **Senhor, socorrei-me e salvai-me!**

Dirigente: Glória ao Pai, ao Filho e ao Espírito Santo!

Todos: **Como era no princípio, agora e sempre. Amém.**

ORAÇÃO FINAL

(Encerrando a reflexão de cada dia)

Ó Espírito Divino,/ dai-me um coração grande,/ aberto a vossa silenciosa e forte palavra inspiradora; um coração fechado a todas as ambições mesquinhas,/ e alheio a qualquer desprezível competição humana,/ todo compenetrado do sentido da Santa Igreja! Dai-me um coração grande,/ e desejoso de se tornar semelhante ao Coração do Senhor Jesus; um coração forte para amar a todos,/ e sofrer por todos!

Um coração grande e forte/ para superar todas as provações,/ todo tédio, todo cansaço,/ toda desilusão, toda ofensa! Um coração forte e constante/ em todos os sacrifícios,/ quando assim for necessário! Um coração, cuja felicidade/ seja palpitar com o Coração de Cristo,/ e cumprir humilde, fiel e corajosamente/ a Vontade Divina! Amém.

Paulo VI

I
CRER E VIVER

Oração preparatória (p. 3)

Cântico

I Mistério insondável da fé: Deus uno é também Deus trino. Essa é a verdade que cremos e afirmamos por nossa fé em um só Deus, em três Pessoas. Se cada um de nós é apenas uma pessoa, em Deus admitimos três Pessoas, ou três realidades, que designamos como Pai, Filho, e Espírito Santo. E, embora distintas, elas não são três deuses, mas um só Deus.

Dizemos que esse é um mistério de fé, ou seja, uma verdade que não compreendemos, dada a limitação e fragilidade de nossa inteligência; esta, é certo, nunca poderá entender a natureza de Deus. No entanto, aceitamos essa verdade, e nela cremos. Por quê? Simplesmente porque ela nos foi revelada pelo próprio Deus; e Deus não se engana, nem nos pode enganar.

2 Há, na Sagrada Escritura, diversas passagens que nos falam de um só Deus em três Pessoas divinas; a mais clara é certamente aquela que aparece em Mateus 28,19. Segundo o Evangelista, antes de deixar este mundo, Cristo ressuscitado mandou aos Apóstolos que saíssem por toda parte a pregar o Evangelho, batizando aqueles que o aceitassem; e esse batismo devia ser ministrado "em nome do Pai, do Filho, e do Espírito Santo".

Com essas palavras, o Mestre deixou-nos claramente enunciado o mistério da Trindade, ou seja, de um Deus em três Pessoas. É um mistério, sim, que nós jamais poderemos penetrar, mas que aceitamos, apoiados na autoridade do Mestre que o revelou a nós.

3 Já em seu tempo, Santo Agostinho observou que a fé não é para os orgulhosos, mas para os simples e humildes de coração. Compreende-se. A fé apresenta-nos verdades que não podemos penetrar nem compreender, e que, apesar disso, devemos aceitar.

Ora, o orgulhoso é por demais apegado à própria inteligência, que ele coloca sempre acima de tudo e de todos. Acha que só deve aceitar, quando sua inteligência compreende e aprova. Mas acontece que Deus não pode humilhar-se diante do orgulho do homem, pedindo-lhe licença para ensinar somente o que ele aprova e entende. Por isso o indivíduo simples e humilde não só aceita o que Deus lhe revela, mas ainda sabe mostrar-se agradecido por receber do Pai o conhecimento de uma verdade que jamais poderia alcançar.

4 Quando o apóstolo Pedro confessou a divindade de Cristo, dizendo: "Tu és o Filho de Deus vivo" – o Mestre fez-lhe esta observação: "Feliz

de ti, Pedro, porque esta verdade não te foi revelada pela carne nem pelo sangue (isto é: pela inteligência), mas pelo Pai que está nos céus" (Mt 16,17). Com isso o Mestre lembrou-nos que, para o conhecimento das verdades da fé, não podemos contar apenas com nossa inteligência, precisamos da Palavra de Deus que nos revele e esclareça essas verdades, levando-nos à plena certeza do que buscamos. Essa palavra, porém, exige humildade de nossa parte; o orgulho não a recebe nem aceita. Por isso, é nesse orgulho tolo, fechado em suas ideias e opiniões, que encontramos uma das causas mais comuns da falta de fé em nossos dias.

5 Como causa da falta de fé, e muito comum, podemos apontar também a sensualidade. Como irá interessar-se por Deus o homem que vive somente para gozar a vida com seus atrativos e prazeres? Já dizia o Apóstolo que "o homem animal não percebe nem sente o que é de Deus" (1Cor

2,14). É que, vivendo exclusivamente para o prazer, esse homem animal acaba esquecido de seus semelhantes, e até mesmo de seu Criador, cuja existência chega a negar, pois não lhe interessa que exista um Juiz para condenar o egoísmo e a sensualidade em que vive.

6 "O Reino dos céus é semelhante a uma semente de mostarda"... (Mt 13,31). Pelo Batismo, recebemos de Deus esse dom da fé. Ele, porém, nos foi dado qual uma sementinha que precisamos cuidar, para que germine, cresça, e apresente seus frutos; e estes deverão aparecer em nossa vida de cada dia, pois, uma fé sem as obras não tem valor algum.
Para nós, portanto, a fé não é um luxo, a ser manifestado apenas em determinadas ocasiões. Ela deverá penetrar nossos pensamentos, palavras, ações, enfim, toda a nossa vida, iluminando-a com a presença de Deus.

Assim todo o nosso modo de pensar e de agir será um espelho daquela fé que nos orienta e dirige. Foi por isso que alguém escreveu: O verdadeiro cristão será sempre um espetáculo de fé aos olhos do mundo.

REFLEXÃO

1 - Nossa vida estará realmente de acordo com as verdades que cremos?
2 - É o Espírito Santo de Deus que orienta nossa vida, ou será o espírito do mundo, feito de orgulho e egoísmo?
3 - Recitando o "Símbolo da Fé", rezamos: "Creio no Espírito Santo". Nossa vida é prova disso?

Dirigente: Peçamos ao Espírito Santo, fonte de sabedoria e de amor, que nos ilumine e santifique, tornando nossa vida sempre mais digna de Deus. Para que o orgulho e a sensualidade não nos afastem dos caminhos da fé.

Todos: **Ó Espírito Santo, fazei-nos viver em vosso amor!**

Dirigente: Para que saibamos viver sempre de acordo com a vontade do Pai.

Todos: **Ó Espírito Santo, fazei-nos viver em vosso amor!**

Dirigente: Para que nossa vida seja realmente um espetáculo de fé aos olhos de todos.

Todos: **Ó Espírito Santo, fazei-nos viver em vosso amor!**

Dirigente: Ó Deus eterno, Espírito de um amor infinito, vinde iluminar nossa vida com vossa presença, para que, em tudo, sejamos dirigidos pelo amor ao Pai e a nossos irmãos! Glória ao Pai, ao Filho, ao Espírito Santo...

Todos: **Ó Espírito Santo, fazei-nos viver em vosso amor!**

Oração final (p. 4)

A PALAVRA DE DEUS

"Quando o Espírito Santo descer sobre vós, recebereis sua força, e sereis minhas testemunhas em Jerusalém, na Judeia, até nos últimos confins da terra" (At 1,7).

SUGESTÃO

Procurar algum vizinho, que não é do grupo, e convidá-lo para rezar a novena.

2
O ESPÍRITO SANTO EM NÓS

Oração preparatória (p. 3)

Cântico

1 "Não sabeis que sois templos de Deus, e que o Espírito de Deus habita em vós?" – assim perguntava São Paulo aos cristãos de Corinto (1Cor 3,16). E ele o fazia com certa dose de espanto e admiração, pois o Apóstolo não podia compreender como uma verdade tão consoladora fosse ignorada por seus catequizados. Infelizmente, hoje também muitos cristãos desconhecem e não vivem essa verdade. E, por não viverem a presença do Espírito em si mesmos, acabam vivendo uma vida pagã, simplesmente vazia de Deus.

2 Foi pelo Batismo que começamos a ser templos de Deus, pela presença da graça divina em nós. Diz o Apóstolo: "O amor de Deus foi derramado em

nossos corações pelo Espírito Santo que nos foi dado" (Rm 5,5). Quando? De modo especial quando recebemos o Batismo. Essa é a amorosa presença de Deus em nós, já que Deus é o Amor (1Jo 4,8). E que Amor! Eterno, infinito, perfeitíssimo. Assim sendo, tudo o que Deus criou são manifestações não tanto de seu poder ou de sua sabedoria, são manifestações principalmente de seu amor. É que, sendo o Amor, Deus não se limita, não se fecha em si mesmo, pelo contrário, Ele se expande e se multiplica em toda a obra da Criação.

3 Fazendo-se presente em nós por seu amor, Deus distinguiu-nos não somente por nos ter criado a sua imagem e semelhança, mas, de modo especial por nos ter elevado à condição de filhos que seu amor adotou. O Apóstolo perguntava: Não sabeis que o Espírito de Deus habita em vós? Sim, nós o sabemos, o Espírito vive em nós, para que nós também possamos amar, participando assim do amor infinito que é Deus. É com esse amor que nós amamos ao Pai que nos criou, ao Filho que nos remiu, e ao Espírito Santo que realiza a obra de nossa santificação. Sendo o Amor, Deus criou-nos dotados de inteligência, de uma vontade livre, e de uma misteriosa capacidade de amar. Ora, se Ele nos fez participantes de seu amor, foi, antes de tudo, para que nós o amássemos. Deus, disse alguém, só entende de amor, isto é, não espera e não quer de nós a não ser nosso amor.

4 Aquele fariseu que perguntou ao Mestre qual era o maior dos Mandamentos, ficou sabendo que a mais importante das leis divinas e humanas é a lei do amor: "Amarás a teu Deus com todas as tuas forças, e ao próximo como a ti mesmo". – Com isso nós também ficamos sabendo que fomos criados apenas e tão somente para amar a Deus e a nossos semelhantes. É tudo o que Deus quer de nós.

5 Criados para o amor. Amar ao Pai e a nossos irmãos – essa devia ser nossa vida. No entanto... temos medo de amar. Por quê? Por causa do egoísmo que nasceu em nós, após a primeira falta de nossos primeiros pais. O amor é doação, é generosidade, justamente o contrário do egoísmo que é todo mesquinhez. Daí a dificuldade que temos para amar, ou seja, para doarmo-nos inteiramente a Deus e a nossos semelhantes. Hoje se fala muito em amor. Por quê? Simplesmente porque o amor verdadeiro quase não existe no mundo. O que vemos por toda parte, embora sob as aparências de amor, não passa de puro egoísmo.

6 Tanto amou Deus o mundo, que chegou ao ponto de lhe dar seu próprio Filho (Jo 3,16). Foi assim que o Pai amou-nos: dando-se a nós em seu Filho Jesus. E este, resumindo sua doutrina, pouco antes de sua morte, disse aos apóstolos: "Este é o meu único mandamento: Que vos ameis mutuamente, como eu vos amei" (Jo

13,34). E como Ele nos amou! Ao ponto de se entregar por nós.

7 Se o amor, portanto, existe em nós, é porque nós o recebemos... de Deus! É algo sagrado, que está exigindo todo o nosso respeito. E somente saberemos respeitar o amor, se o soubermos empregar de acordo com Deus, isto é, amando ao Pai e a nossos irmãos. Todo amor que não tiver essa direção será apenas egoísmo, já que não corresponde ao amor que Deus colocou em cada um de nós.

REFLEXÃO

1 - Como temos empregado, até hoje, o amor que recebemos de Deus?

2 - Amamos realmente a Deus em nossos semelhantes?

3 - Sabemos aceitar as renúncias e sacrifícios que o amor nos impõe?

Dirigente: Temos que compreender e respeitar sempre mais a presença de Deus em nós, por meio desse Espírito de amor que Ele infundiu em nossos corações. Para que saibamos amar com a santidade que o amor exige de nós.

Todos: **Ó Espírito Santo, fazei-nos viver em vosso amor!**

Dirigente: Para que amemos nossos semelhantes com o mesmo amor com que amamos a Deus.

Todos: **Ó Espírito Santo, fazei-nos viver em vosso amor!**

Dirigente: Para que aceitemos com generosidade os sacrifícios que o amor nos impõe.

Todos: **Ó Espírito Santo, fazei-nos viver em vosso amor!**

Dirigente: Amor infinito, com o qual o Pai nos ama, ó Espírito Santo, fazei-nos compreender a sublime grandeza desse dom do amor que recebemos de Deus! Somente assim saberemos amar ao Pai e a nossos irmãos com pureza e santidade. Glória ao Pai, ao Filho, ao Espírito Santo...

Todos: **Ó Espírito Santo, fazei-nos viver em vosso amor!**

Oração final (p. 4)

A PALAVRA DE DEUS

"Caríssimos, amemo-nos mutuamente, porque o amor nos veio de Deus. Todo aquele que ama conhece a Deus, porque dele nasceu. Mas quem não ama, não conhece a Deus, porque Deus é o Amor" (1Jo 4,7-8).

SUGESTÃO

Receber, com bastante amabilidade, alguém que chegar a sua casa.

3
O DOM DA SABEDORIA

Oração preparatória (p. 3)

Cântico

I Ao comunicar-nos seu Espírito Santificador, no dia de nosso Batismo, Deus comunicou-nos também seus dons. E é por meio desses dons que o Espírito realiza em nossa alma sua missão de aperfeiçoar e santificar nossa vida, para que possamos ser realmente filhos daquele Pai que é a perfeição infinita. Por isso já o Apóstolo dizia que, aos olhos do mundo, nós aparecemos como "marcados pelo Espírito" (Ef 1,13). É que, por meio de de uma atuação contínua e permanente, o Santificador vai pondo em nossa vida aquele dom sobrenatural que nos distingue como outros Cristos.

2 Uma alusão clara a esses dons aparece na conhecida passagem de Isaías (11,2): "Uma flor, diz o Profeta, nascerá da raiz de Jessé, e nela descansará o Espírito de Sabedoria e Entendimento, o Espírito de Conselho e Fortaleza, o Espírito de Ciência e Piedade, e ela ficará repleta do Espírito de Temor". – O que Isaías designa com o nome de Espíritos é o que nós designamos como dons; e o primeiro deles é citado como dom da Sabedoria.

3 Embora possamos contar sempre com o Espírito Santo em nossos juízos e resoluções para assuntos deste mundo, o dom da Sabedoria leva-nos, não tanto ao conhecimento das coisas terrenas, mas principalmente ao conhecimento sempre mais profundo de Deus, fazendo-nos amar, com todas as forças, o Amor infinito que vive em nós. Pelo dom da Sabedoria vemos em Deus o sumo Bem, a bondade sem limites, que se manifesta e se faz presente em tudo o que faz o conjunto de nossa vida.

4 Temos que notar aqui a estreita ligação entre a sabedoria com que contemplamos as perfeições divinas e o amor que nos une sempre mais a Deus. Quanto mais a Sabedoria nos fizer conhecer a Deus, tanto mais irá despertar em nós o amor a esse Bem supremo, de uma beleza infinita; e quanto mais amarmos a Deus, tanto maior será nosso desejo de conhecer Aquele que amamos.

5 Diz Santo Tomás que, em se tratando das coisas deste mundo, a norma da sabedoria é: conhecer, mais do que amar. Tratando-se, porém, de Deus, temos que amar, mais do que conhecer. É que, a respeito deste mundo, e mais ainda a respeito de Deus, nosso conhecimento é sempre falho e limitado, ao passo que o amor é sempre mais profundo, e tem maior perfeição.

Esse amor é um dom do Espírito, que tudo penetra, e tudo considera, diante de Deus. Quando alguém se deixa dominar por esse amor, vê e julga tudo com os olhos de Deus, ou melhor, de sua Sabedoria, que sempre irá preocupar-se mais com o que é divino do que com aquilo que é deste mundo.

6 Por este dom da Sabedoria as almas santas de todos os tempos chegaram às alturas da contemplação, vivendo mergulhadas em Deus, sempre mais conhecido e amado em suas perfeições. No entanto, não podemos pensar que esse dom seja um privilégio exclusivo dos santos; pelo contrário, todos nós recebemos, com o Batismo, os dons do Espírito, e eles só esperam por nossa colaboração por meio do amor a Deus, para elevarem-nos à perfeição. Foi o que nos ensinou São Paulo ao escrever: Nós todos que refletimos, como em um espelho, a glória do Senhor, somos transformados nessa mesma imagem, cada vez mais viva e luminosa (2Cor 3,18).

7 Compreendemos assim porque os santos viveram tão desinteressados, e tão acima das coisas deste mundo. Nada os atraía a não ser Deus na infinita beleza de suas perfeições. Desse conhecimento realizado pela contemplação nasce o amor que, aos poucos, vai elevando a alma acima deste mundo e de tudo o que lhe pertence. É que, para quem vive nessa contemplação das perfeições divinas, mergulhado no amor daquele que é o Amor infinito, que poderia o mundo oferecer de interessante e de atraente?

8 Compreendemos então a paz e a segurança que nascem desse conhecimento e desse amor, pois, vivendo preocupada apenas com a Beleza perfeitíssima que é Deus, a alma sente-se plenamente feliz e realizada, vendo tudo, e tudo compreendendo com a sabedoria do Espírito. Nem mesmo os sacrifícios e sofrimentos deste mundo, por maiores que sejam, podem abalar essa paz, ou turvar a situação quase celestial daquele

que ama, porque o amor sabe explicar a grandeza e o valor de tudo, aos olhos da sabedoria de Deus.

REFLEXÃO

1 - Podemos dizer que vivemos realmente interessados em conhecer a Deus?
2 - Deus, para nós, é o Amor? Não será apenas alguém que deve resolver nossos casos e problemas?
3 - Em meio a nossos trabalhos e ocupações, não poderíamos viver mais com Deus?

Dirigente: Peçamos ao Espírito Santo a sabedoria de viver sempre com Deus, em meio ao mundo que nos rodeia e tanto nos solicita, para que, em nossa vida de cada dia, busquemos sempre a glória de Deus.

Todos: **Ó Espírito Santo, fazei-nos viver em vosso amor!**

Dirigente: Para que, em meio aos cuidados deste mundo, desejemos, antes de tudo, o reino de Deus em nós.

Todos: **Ó Espírito Santo, fazei-nos viver em vosso amor!**

Dirigente: Para que, em nossa vida de cada dia, não falte um lugar para Deus.

Todos: **Ó Espírito Santo, fazei-nos viver em vosso amor!**

Dirigente: Ó Espírito Santificador, que viveis em nós, preparando-nos para a glória eterna, fazei-nos viver neste mundo sempre à procura de Deus, até que o alcancemos definitivamente na alegria sem fim da eternidade.

Todos: **Ó Espírito Santo, fazei-nos viver em vosso amor!**

Oração final (p. 4)

A PALAVRA DE DEUS

"Todo aquele que ouve e pratica a minha doutrina será semelhante a um homem prudente que edificou sua casa sobre a rocha. Caiu a chuva, as torrentes transbordaram, e os ventos investiram contra ela. Mas a casa resistiu, porque estava construída sobre a rocha" (Mt 7,24).

SUGESTÃO

Aceitar, com humildade, alguma advertência que lhe fizerem, mesmo que você esteja certo.

4

O DOM DO ENTENDIMENTO

Oração preparatória (p. 3)

Cântico

1 Nossa palavra "entender" tem sua origem em um termo latino que significa ler interiormente. Assim já percebemos que o dom do Entendimento leva-nos a penetrar as verdades sobrenaturais, lendo no íntimo dessas verdades o que elas realmente nos querem transmitir. É que as verdades da fé oferecem a nossa reflexão um campo imenso, que somente chegamos a percorrer e explorar mediante o dom do Entendimento.

2 Se pela fé nós admitimos e cremos nas Verdades eternas, é pelo Entendimento que nós chegamos a compreender o que elas significam e representam para nossa vida sobrenatural.

Sempre que medito nas perfeições divinas, sinto um gosto de consolo e segurança que não consigo explicar – assim dizia alguém que não havia estudado muito teologia, mas que vivia uma profunda vida interior, penetrando as Verdades, e delas se alimentando espiritualmente, graças ao dom do Entendimento.

3 Sabemos muito bem como a mãe, sem muito estudo, chega a compreender o íntimo de seus filhos, porque o amor de seu coração materno dá-lhe uma misteriosa intuição para decifrar e compreender certos segredos que nenhum outro coração poderia penetrar. Assim também a alma que ama realmente a Deus, na medida em que cresce nesse amor, vai ganhando, pelo dom do Entendimento, como uma intuição sobrenatural que a faz penetrar nos mistérios de Deus, podendo então admirar e compreender os caminhos que o amor infinito percorre para chegar até nós.

4 É Santo Tomás quem, com muita clareza, explica-nos o seguinte: antes de ser concedido, o dom pertence àquele que o concede; mas, uma vez concedido, o dom passa a pertencer àquele que o recebe. Ora, o dom é o Espírito, ou melhor, é Deus mesmo que se dá a cada um de nós. Dessa forma o dom passa a ser nosso, qual uma riqueza infinita que recebemos para dela dispormos; é quando se iluminam os olhos, não tanto de nossa inteligência, como de nosso coração, para podermos penetrar no mais íntimo das verdades sobrenaturais. Assim, quanto mais possuímos a Deus pelo amor, tanto mais podemos entender esse Amor eterno e tudo o que a Ele se refere.

5 Precisamos, porém, notar que, enquanto estivermos peregrinando por este mundo, esse conhecimento de Deus ou das verdades sobrenaturais nunca será perfeito; nossa capacidade não dá para tanto, mesmo que auxiliada pelo dom

do Entendimento. Durante esta vida terrena somente poderemos penetrar e compreender o que Deus nos quiser manifestar, de acordo com nossas necessidades. Na eternidade, sim, Ele irá, um dia, revelar-se a nossos olhos naquela visão completa que agora desejamos. Iremos então compreender esse mistério de nossa vida em Cristo, e da vida de Cristo em nós, pela Graça.

6 E precisamos também lembrar que o dom do Entendimento não nos é dado para a compreensão daquilo que só diz respeito a este mundo. Para isso Deus já nos deu a inteligência, o uso dos sentidos etc. O Entendimento nos é dado como um auxílio para um conhecimento mais profundo de Deus, e de tudo o que nos possa favorecer espiritualmente.

Lembremos aqui o procedimento de Nosso Senhor, ensinando aos apóstolos o que se referia ao Pai, ao reino dos céus, às virtudes, mas nunca fazendo-se mestre em coisas deste mundo. Quando, por exemplo, os discípulos perguntaram-lhe se, após a ressurreição, Ele ia restaurar o reino de Israel, o Mestre disse-lhes simplesmente: "Isso vocês não precisam saber, compete exclusivamente ao Pai" (At 1,6-7).

7 Com esse dom do Entendimento nós poderemos ver tudo o que se refere a Deus, e a sua vida em nós, à maneira dos santos que tudo entendiam sob o prisma do amor. Os acontecimentos que fazem a história da Humanidade, nossa miséria, a razão dos sofrimentos, a virtude das almas santas, tudo enfim poderá encontrar uma explicação no amor infinito do Pai, que tudo ordena e dirige para o bem de seus filhos. Essa explicação, à luz desse mesmo amor, será plena e perfeita, nos esplendores da eternidade.

REFLEXÃO

1 - Nossa vida tem sido sempre orientada pelas verdades da fé?

2 - Vivemos realmente interessados por Deus, e por tudo o que lhe diz respeito?

3 - Procuramos ver Deus em nossos trabalhos e sofrimentos?

Dirigente: Peçamos hoje ao Espírito Santo que nos faça compreender sempre que Deus é o único Amor digno de ser amado, a única Beleza que devemos desejar neste mundo. Para que, desprendidos de tudo, possamos viver apegados somente à riqueza infinita de Deus.

Todos: **Ó Espírito Santo, fazei-nos viver em vosso amor!**

Dirigente: Para que compreendamos sempre melhor os planos de Deus a nosso respeito.

Todos: **Ó Espírito Santo, fazei-nos viver em vosso amor!**

Dirigente: Para que saibamos amar e agradecer a Deus em tudo o que nos aborrece e faz sofrer.

Todos: **Ó Espírito Santo, fazei-nos viver em vosso amor!**

Dirigente: Ó Espírito Divino, amor do Pai e do Filho, inspirai-nos sempre o que devemos pensar, o que devemos dizer, o que devemos calar, e como devemos agir para vossa glória, para o bem das almas e santificação de todos nós! Glória ao Pai, ao Filho...

Todos: **Ó Espírito Santo, fazei-nos viver em vosso amor!**

Oração final (p. 4)

A PALAVRA DE DEUS

"Os olhos não viram, os ouvidos não perceberam, nem pôde o coração humano penetrar o que Deus preparou para aqueles que o amam. No entanto Deus no-lo revelou por seu Espírito, que tudo penetra, até mesmo os profundos mistérios de Deus" (1Cor 2,9-10).

SUGESTÃO

Dar o primeiro passo para aproximar-se de alguém que não se relaciona bem com você.

5
O DOM DO CONSELHO

Oração preparatória (p. 3)

Cântico

1 Tendo criado o homem a sua imagem e semelhança, Deus o dotou de inteligência e vontade. Dizemos, por isso, que o homem é um ser racional, que pode refletir, resolver, fazendo uso da razão que recebeu do Criador. É com a inteligência que o homem pode organizar sua vida, preparar seu futuro, estudar esta ou aquela situação, para saber como deve agir. E quando alguém usa realmente de sua inteligência para proceder com sabedoria e retidão, dizemos que se trata de uma pessoa equilibrada, prudente, que sabe pensar e agir com segurança.

2 Uma coisa, no entanto, é o homem agir de acordo com sua inteligência, e outra é ele viver de acordo com Deus. É que, por ser humana, a inteligência está sempre sujeita a falhas. Poderá indicar ao homem o que humanamente lhe seja mais digno e conveniente. Dizer, porém, o que é mais perfeito, de acordo com a vontade de Deus, isso pertence à fé, por meio da virtude da prudência. A ela confiamos todo o nosso modo de pensar e agir, para que nossa vida corresponda à vontade do Pai. Essa é a virtude que nos deve orientar até mesmo na prática de qualquer outra virtude, pois, sem prudência, ou fora de seu controle, qualquer virtude será defeito ou exagero.

3 Precisamos, no entanto, notar que, quando praticada por nós, a própria prudência nunca será perfeita, devido a nossas falhas e imperfeições. Não somos anjos, mas seres humanos, de modo que até em nossas virtudes, aparece a marca da nossa imperfeição, por meio de egoísmo, da indecisão e covardia. Para suprir essa falha de nossa natureza é que Deus vem em nosso auxílio com o dom do Conselho, uma prudência superior e perfeita, que nos chega pelo Espírito Santo, presente em nós.

4 Se a chamamos prudência superior é porque não se trata aqui de uma qualidade humana, conseguida por nosso esforço. É o Espírito que nos comunica essa prudência, fazendo-nos ver a vontade de Deus nas diversas situações, para que possamos agir com absoluta segurança e tranquilidade. E que o dom do Conselho nos ilumina muito mais do que nossa inteligência, levando-nos a proceder, mesmo nos casos mais difíceis e confusos, com uma paz e firmeza que, por nós mesmos, não poderíamos conseguir.

5 Nesse dom do Conselho é que nós encontramos uma explicação para a naturalidade e segurança com que os santos procederam neste mundo. Os milagres que realizaram, o heroísmo com que praticaram as virtudes, principalmente a caridade, mostram que eles não eram dirigidos apenas pela própria inteligência, mas por uma luz superior, que lhes indicava claramente a vontade de Deus. São Francisco de Sales, por exemplo, tinha por lema estas palavras: "Nem mais, nem menos". – Embora de temperamento forte e impetuoso, mas iluminado pelo dom do Conselho, chegou a ser o santo da bondade e mansidão, guardando sempre, em toda a sua maneira de ser, um admirável equilíbrio e perfeito meio termo.

6 Diante de certas situações em nossa vida de cada dia, muitas vezes ficamos na dúvida e incerteza, não sabendo o que fazer, ou que resolução tomar. Costumamos então recorrer a pessoas mais esclarecidas e experientes, para que nos ajudem, tirando-nos da indecisão. É o que fazemos, quando buscamos o auxílio do Espírito Santo, por meio desse dom do Conselho, luz superior que nos mostra, em cada situação, o que é mais perfeito e digno de Deus, para que possamos agir com toda clareza e segurança.

7 Ao longo de nosso caminho por este mundo não faltam situações delicadas e difíceis, exigindo uma solução rápida e segura. Nem sempre sabemos o que fazer. É a hora de contarmos com o Conselho do Espírito Santificador que vive em nós, para nos iluminar e dirigir. Em cada situação Ele nos fará ver a decisão que devemos tomar, mostrando-nos, com segurança, o que é mais perfeito e de acordo com a vontade de Deus.

REFLEXÃO

1 - Não vivemos esquecidos da presença do Espírito Santo em nós, para ajudar-nos em nossos planos e resoluções?
2 - Organizando nossa vida, ou tomando nossas decisões, não temos contado apenas com nossa inteligência?

3 - Não temos sido precipitados em nosso modo de pensar e de agir, principalmente em se tratando de nossos semelhantes?

Dirigente: Peçamos ao Espírito Santo que nos faça conhecer a vontade de Deus, e leve-nos a viver sempre de acordo com o que Ele espera de nós.

Para que nosso orgulho não nos domine, fazendo-nos confiar apenas em nossa inteligência.

Todos: **Ó Espírito Santo, fazei-nos viver em vosso amor!**

Dirigente: Para que, em cada situação, possamos realizar o que Deus espera de nós.

Todos: **Ó Espírito Santo, fazei-nos viver em vosso amor!**

Dirigente: Ó Espírito Santificador, vinde iluminar nossa inteligência, em meio às dúvidas e incertezas que nos cercam; e fortificai nossa vontade, para que em todas as situações, saibamos proceder do modo mais perfeito e digno de Deus!

– Glória ao Pai, ao Filho, ao Espírito Santo...

Todos: **Ó Espírito Santo, fazei-nos viver em vosso amor!**

Oração final (p. 4)

A PALAVRA DE DEUS

"Oh! Que sublimidade nessa riqueza da sabedoria e da ciência de Deus! Como são misteriosos os seus juízos! E como são impenetráveis os seus caminhos!" (Rm 11,33).

SUGESTÃO

Procurar dar um bom conselho, oportunamente.

6
O DOM DA FORTALEZA

Oração preparatória (p. 3)
Cântico

1 Certamente o Mestre não exagerou quando, um dia, descreveu-nos o caminho para a vida eterna como uma vereda estreita e difícil. Sua palavra foi uma advertência clara para quem quisesse alcançar a eternidade com uma vida fácil neste mundo. Nossa felicidade eterna terá que ser conquistada à custa de muita luta e sacrifício. Ela só poderá ser uma recompensa dos méritos que conseguirmos acumular nesta vida terrena.

2 Sabemos que o Salvador foi para nós a exata expressão da misericórdia infinita do Pai. Muitas vezes Ele nos falou da bondade de Deus, do perdão de nossas culpas, da confiança que nos deve inspirar o amor infinito com que o Pai nos ama.

No entanto, não nos pôde nem quis enganar quando nos falou do caminho que nos espera, se o quisermos ter por Mestre: "Se alguém me quiser seguir, renuncie-se a si mesmo, e tome aos ombros sua cruz" (Mt 16,14). Em outras palavras: Viva como eu vivi.

3 Sabemos por experiência que, para ninguém, a vida neste mundo é um mar de rosas. De uma forma ou de outra, todos temos que pagar nosso tributo de sofrimentos a esta existência feita de lutas e sacrifícios. Se fisicamente estamos sujeitos às enfermidades, perigos e privações, espiritualmente vivemos essa luta contínua entre o bem que desejamos e o mal a que somos arrastados por nossa natureza. Foi em meio a esta luta que o próprio Apóstolo exclamou: "Quem me livrará desta natureza de morte? Só a graça de Deus" (Rm 7,24).

4 Sim, Deus é Pai e acompanhando-nos com seu amor, Ele conhece muito bem a vida que vivemos com suas lutas e sacrifícios. Ele pode e quer ajudar nossa fraqueza, com a lembrança de uma recompensa eterna, com o exemplo de seu Filho humanado, e, mais ainda, emprestando-nos sua força, por meio desse dom da Fortaleza que seu Espírito nos comunica.

5 Compreendemos então o mesmo Apóstolo, dizendo: "Tudo posso naquele que me dá sua força" (Fl 4,13). É que São Paulo reconhecia sua fraqueza diante de um apostolado difícil, enfrentando, por toda parte, uma tremenda oposição de seus inimigos. Mas ele nunca desanimou. Com incrível coragem soube enfrentar o cansaço das viagens, as calúnias, a fome, o abandono, porque contava com a força de Deus.

Era a Fortaleza que ele recebia do Espírito Santificador para uma missão que, com as próprias forças, jamais poderia realizar.

6 Pai de bondade infinita, sabemos que Deus nunca poderá abandonar ou esquecer aqueles que confiam em seu poder e em sua misericórdia. Ele sabe muito bem o dia, a hora em que nos deve socorrer, material ou espiritualmente, pois conhece nossa falta de paciência, de coragem e generosidade ante os sacrifícios que devemos enfrentar. E, por meio do Espírito, presente em nós, Ele nos comunica sua força por esse dom da Fortaleza que nos leva aos maiores heroísmos. É que nossa vida de todos os dias apresenta-nos, às vezes, situações que nenhuma paciência pode suportar, ou dificuldades que nossa força não consegue vencer. Mas a força de Deus tudo pode. E, armados dessa Fortaleza que o Espírito nos comunica, acabamos passando por todos os sacrifícios, com firmeza, com segurança, e até com alegria.

7 Lembremos aqui a coragem e serenidade com que os mártires de todos os tempos souberam enfrentar as provas do martírio, no fogo, em meio às feras, ou aos golpes das espadas. Pensemos em um Santo Inácio de Antioquia, viajando para o martírio em Roma, e despedindo-se das Comunidades que fundara, com estas palavras: "A todos, muitíssima alegria!" E não esqueçamos São Francisco de Assis, definindo para um seu irmão de hábito: "A verdadeira alegria está no sofrimento por amor ao Cristo que tanto sofreu por nós!" – Uma generosidade que humanamente não explicamos. Só mesmo o Espírito, com seu dom da Fortaleza, pode levar essas almas às alturas de tanto heroísmo. E Ele não fará o mesmo por nós? Certamente. Basta que saibamos viver com Ele.

REFLEXÃO

1 - Nosso desânimo no trabalho e nas dificuldades, não será prova de nossa falta de confiança em Deus?
2 - Costumamos procurar na oração a força e coragem de que necessitamos?
3 - Não nos revoltamos contra os sofrimentos que Deus nos permite, como um bem para nós?

Dirigente: Peçamos hoje ao Espírito Santo esse dom da Fortaleza, que nos anime e conforte em todas as dificuldades, principalmente no esforço contínuo por nossa santificação.
Para que sejamos, aos olhos do mundo, um exemplo de fé e confiança em Deus.
Todos: **Ó Espírito Santo, fazei-nos viver em vosso amor!**
Dirigente: Para que a falta de confiança não nos leve ao desânimo em nossos trabalhos e sacrifícios.

Todos: **Ó Espírito Santo, fazei-nos viver em vosso amor!**

Dirigente: Para que, animados com a força de Deus, possamos ser apoio, e transmitir coragem àqueles que desanimaram.

Todos: **Ó Espírito Santo, fazei-nos viver em vosso amor!**

Dirigente: Ó Espírito Santo, luz e fortaleza nossa, fazei-nos ver, em nossos sacrifícios e sofrimentos, a fonte de nossos méritos diante do Pai! E que vossa força nos anime sempre, para não perdermos a confiança no Amor infinito que nos quer recompensar, um dia, em sua glória eterna. Glória ao Pai, ao Filho, ao Espírito Santo...

Todos: **Ó Espírito Santo, fazei-nos viver em vosso amor!**

Oração final (p. 4)

A PALAVRA DE DEUS

“O próprio Espírito assegura-nos que somos filhos de Deus. E, como filhos, também herdeiros. Sim, herdeiros de Deus, e coerdeiros com Cristo, pois, se com Ele sofremos, com Ele também seremos glorificados” (Rm 16,17).

SUGESTÃO

Quando fizer o sinal da cruz, procurar rezar com fé as palavras que seguem: “Em nome do Pai e do Filho e do Espírito Santo”.

7

O DOM DA CIÊNCIA

Oração preparatória (p. 3)
Cântico

1 Aquele rapaz, bem intencionado, e dono de uma boa fortuna, foi ter com o Mestre e perguntou-lhe: "Que devo fazer para ser perfeito? – E foi com tristeza que ele ouviu esta resposta: "Vai, vende tudo o que tens; dá o dinheiro aos pobres; depois, vem, e segue-me!" (Mt 19,21-22) Nessa palavra do Mestre aparece o que nós designamos como sabedoria dos santos, ou dom da Ciência, que Deus nos comunica pelo Espírito Santificador.

2 Se o dom da Sabedoria leva-nos a ver, a considerar tudo sob o prisma da eternidade, isto é, com a sabedoria de Deus, o dom da Ciência nos faz ver Deus em tudo o que existe, levando-nos,

por meio das coisas criadas, ao conhecimento e ao amor d'Aquele que as criou. Assim, fazemos de tudo um degrau a mais, para elevarmo-nos, em busca daquele Amor infinito que desejamos conhecer, para que o possamos amar sempre com maior perfeição.

3 Ao criar o mundo, Deus entregou-o ao homem, destinando assim todas as coisas para o bem de suas criaturas. Tudo devia servir para o homem conhecer e admirar o poder de Deus, amando sempre mais o Amor eterno que se manifestou em toda a obra da Criação. Tudo, portanto, devia servir, não somente à felicidade terrena do homem, mas também como um caminho para sua felicidade eterna.

4 Acontece, porém, que, pela falta original, o homem desprezou esse plano divino. E começou a amar o mundo, apegando-se a ele, mais do que ao Criador. Em vez de usar as coisas criadas para aproximar-se mais de Deus, o homem usa de tudo, para d'Ele se afastar, pois seu egoísmo leva-o ao esquecimento d'Aquele que tudo lhe deu. Apega-se ao que o mundo lhe oferece, dirigindo seu amor e interesse para a riqueza, para o conforto, e para o prazer. Em seu coração as coisas criadas tomaram o lugar que devia ser exclusivamente de Deus.

5 Afastando-se dessa idolatria, os santos souberam viver a ciência do Espírito, amando o Criador em tudo o que compõe a natureza, e bendizendo-o com gratidão, no trabalho, nas dificuldades, e até mesmo nos sofrimentos. Não foi isto o que fez o Mestre, bendizendo o Pai nos sacrifícios que lhe amargaram a vida neste mundo, ou lembrando a Providência divina que veste as flores do campo, e alimenta as aves que não semeiam nem colhem?

6 Lembremos também aqui o exemplo dos santos. Com quanta alegria, e com que insistência o Salmista não convidava os mares e rios, os campos e montanhas a louvarem, com ele, a onipotência do Criador! São Francisco de Assis não se extasiava diante do sol e das estrelas, diante das flores e animais, vendo em tudo o poder e sabedoria de Deus? Um velho jardineiro, que também vivia essa Ciência dos santos, saía todos os dias a contemplar suas flores. Admirando-as, uma por uma ele as beijava, dizendo: "Deixa-me beijar a mão d'Aquele que te criou".

7 Encontrarmo-nos com Deus a todo momento, e reconhecê-lo em tudo o que fazemos em nossa vida – é a esse ponto que devemos chegar pelo dom da Ciência que o Espírito nos comunica. Essa convivência com Deus, presente em nossos pensamentos, ocupações, e até em nossos sacrifícios de cada dia, transformará de tal modo nossa vida, que nós nos iremos sentir em um mundo diferente, mais iluminado, mais seguro e tranquilo. Na certeza de que Deus está conosco, desprendidos de tudo o que o mundo nos poderia oferecer, poderemos viver, como os santos, antecipando neste mundo nossa eternidade.

8 E, nota constante na vida daqueles que souberam viver a Ciência do Espírito, saberemos ver Deus nas privações, em tudo o que nos humilha e faz sofrer. Os santos sabiam que o caminho para a vida eterna é estreito, cheio de renúncias e sacrifícios. O Espírito, porém, havia-lhes dado aquela Ciência superior, com a qual souberam encontrar-se com o Pai em todos os sofrimentos. E, com Deus, eles tudo puderam vencer. Sejam eles nossos modelos e mestres, ensinando-nos a viver acima deste mundo, enquanto usamos de tudo como um meio de nos aproximar sempre mais de Deus!

REFLEXÃO

1 - Podemos dizer que vivemos mais interessados por Deus do que pelas coisas deste mundo?

2 - Procuramos ver Deus em todas as situações, alegres ou difíceis de nossa vida?

3 - O apego exagerado à riqueza, ao conforto, não nos tem afastado de Deus, e de nossos semelhantes?

Dirigente: Peçamos agora ao Espírito Santo esse dom da Ciência, que nos faça ver a grandeza de Deus em toda a obra da natureza, bem como a bondade do Pai em todas as situações de nossa vida. Para que não nos deixemos escravizar pelo apego aos bens deste mundo.

Todos: **Ó Espírito Santo, fazei-nos viver em vosso amor!**

Dirigente: Para que nos interessemos sempre mais pelo Amor eterno, e pela Riqueza infinita de Deus.

Todos: **Ó Espírito Santo, fazei-nos viver em vosso amor!**

Dirigente: Para que os sofrimentos e dificuldades levem-nos ao arrependimento e reparação de nossas culpas.
Todos: **Ó Espírito Santo, fazei-nos viver em vosso amor!**
Dirigente: Senhor, que vosso Espírito, presente em nós, ponha em nossa vida esse dom da Ciência, para que, por meio das coisas criadas, cheguemos a conhecer sempre mais vossa glória, e a amar, com todas as forças, vosso amor de Pai. Glória ao Pai, ao Filho, ao Espírito Santo...
Todos: **Ó Espírito Santo, fazei-nos viver em vosso amor!**

Oração final (p. 4)

A PALAVRA DE DEUS

"Um somente é o Deus e Pai de todos, que, estando acima de tudo, vive em todos e em cada um de nós" (Ef 4,6).

SUGESTÃO

Ler um trecho pequeno da Bíblia, a sós, em casa ou na igreja, e parar um pouco para escutar Deus.

8
O DOM DA PIEDADE

Oração preparatória (p. 3)

Cântico

1 Aos primeiros cristãos de Roma, dizia São Paulo em uma carta: "Recebestes o espírito de adoção, com o qual chamamos a Deus com o nome de Pai" (Rm 8,15). Com isso o apóstolo repetia o que o Mestre já havia ensinado, insistindo nessa verdade que os judeus ignoravam: Deus não é apenas Senhor, mas também Pai, e nós somos seus filhos.

2 Para os judeus antigos Deus era sempre o Senhor, o Soberano de infinita grandeza, e de inexorável justiça. Por um exagerado respeito, não pronunciavam sequer seu nome, e não chegavam a compreender que o Senhor do universo pudesse também ser Pai. Daí a insistência do

Mestre, ressaltando em suas pregações a misericórdia e a bondade daquele que sempre chama com o nome de Pai. Quantas vezes não se referiu a sua Providência, que não nos esquece, mas tudo prevê e ordena para o bem de seus filhos! Quantas vezes não falou da misericórdia, perdoando os pecadores, e prometendo-lhes um lugar no banquete de sua glória! E, quando nos ensinou a rezar, a primeira palavra que pôs em nossos lábios, não foi a palavra "Pai"?

3 Uma leitura atenta do Evangelho irá dizer-nos que, se no Antigo Testamento, Deus quis ser conhecido e respeitado mais como Senhor, no Novo Testamento Ele preferiu ser amado como Pai, fazendo-nos ver, mais do que seu poder e grandeza, seu amor e misericórdia. Podemos assim dizer que Deus não se contentou apenas com nosso respeito e temor, Ele quer também nosso amor e nossa confiança de filhos, pois Ele também nos ama, e com um amor infinito.

4 Pela virtude da Religião devemos prestar a Deus nosso culto de adoração, no qual aparecem nossa obediência e respeito Àquele que reconhecemos Senhor absoluto de todos e de tudo. Mas é principalmente o dom da Piedade que nos mostra Deus como um Pai, preocupado sempre com a felicidade de seus filhos. É, assim, o dom que desperta em nós o amor com que o devemos amar, pondo, em nossa vida, não somente aquele dom de submissão a um Senhor, mas de amor e confiança diante de um Pai. É o dom que nos faz ver em tudo uma prova de como Deus nos ama. Mesmo os sofrimentos de nossa vida ganham a cor, não de um castigo, mas de uma ocasião que o Pai nos dá para que nele depositemos nossa confiança filial.

5 Não foi certamente por acaso que, em nossos dias, Deus fez brilhar em sua Igreja essa figura admirável de Santa Teresa de Lisieux. Uma Religiosa enclausurada, que ninguém conhecia, acabou im-

pressionando a piedade cristã de todo o mundo, com sua santidade feita de amor e confiança no Pai. Por quê? Não estariam as almas cansadas com uma virtude feita apenas de respeito e temor a Deus? – Tudo é graça – dizia a santa Carmelita em meio aos seus sofrimentos, lembrando-nos que, em nossa vida, tudo é expressão do amor com que o Pai nos ama, e espera ser amado.

6 Quando aquele fariseu perguntou-lhe qual o maior dos Mandamentos, o Mestre falou-lhe apenas de amar: "Amarás a teu Deus com todas as tuas forças, e ao próximo como a ti mesmo". – Com isso Ele nos lembrou que, como Pai, Deus não dispensa nosso amor, pois Ele não vê em nós simples criaturas apenas; Ele nos vê principalmente como filhos que seu amor adotou.

7 E somente esse amor ao Pai nos levará a amar nossos semelhantes como a nós mesmos. Poderíamos amar a Deus como Pai, não amando a nossos irmãos? Esse amor seria uma mentira, diz o apóstolo (1Jo 4,20). E não imaginemos aqui dois amores diferentes, pois, com o mesmo amor com que amamos a Deus, amaremos também os nossos semelhantes, sabendo que todos somos filhos daquele mesmo Pai que está nos céus.

Mais amor, portanto, em nossa vida! Mais amor a Deus, e mais confiança em seu amor de Pai! Isso irá significar menos medo, e menos desânimo em nós mesmos. Mais amor aos nossos semelhantes; o que irá significar menos egoísmo em nossa vida, com mais liberdade para pensarmos em nossos irmãos. Uma vida penetrada por esse amor, será certamente uma vida mais arejada, mais risonha, e digna de se viver.

REFLEXÃO

1 - Podemos dizer que nossa piedade não se baseia no medo, mas no amor e na confiança em Deus?

2 - Diante de nossa miséria, não nos temos deixado vencer pelo desânimo, pelos escrúpulos e falta de confiança?

3 - Nossa vida está sendo a contínua vivência de um amor sincero ao Pai e a nossos irmãos?

Dirigente: Peçamos agora ao Espírito Santificador que transforme nossa vida pelo seu dom de Piedade. Que saibamos ver em Deus aquele Senhor ao qual pertencemos, não esquecendo que Ele é o Pai, esperando por nosso amor, e por nossa confiança filial.

Para que nossa vida seja uma expressão sincera de nosso amor ao Pai e a nossos irmãos.

Todos: **Ó Espírito Santo, fazei-nos viver em vosso amor!**

Dirigente: Para que nossas dificuldades e sofrimentos não nos façam esquecer a infinita misericórdia do Pai que nos ama.

Todos: **Ó Espírito Santo, fazei-nos viver em vosso amor!**

Dirigente: Para que nossa confiança filial apague toda distância entre nossa miséria e a infinita grandeza de Deus.

Todos: **Ó Espírito Santo, fazei-nos viver em vosso amor!**

Dirigente: Ó Espírito Santificador, que vosso dom de Piedade faça-nos cada vez mais filhos de Deus, e irmãos de nossos irmãos, por um amor sincero, generoso e constante. Glória ao Pai, ao Filho, ao Espírito Santo...

Todos: **Ó Espírito Santo, fazei-nos viver em vosso amor!**

Oração final (p. 4)

A PALAVRA DE DEUS

"O amor verdadeiro não conhece o medo, porque o afasta para longe. Aquele que vive no medo, não é perfeito em seu amor. Amemos, portanto a Deus, porque Ele nos amou primeiro" (1Jo 4,18-19).

SUGESTÃO:

Visitar uma pessoa doente e pobre.

9

O DOM DO TEMOR

Oração preparatória (p. 3)

Cântico

1 Refletindo sobre o dom da Piedade, vimos como ele nos leva a ver Deus sempre como um Pai de infinita bondade, ao qual devemos todo nosso amor, e uma confiança verdadeiramente filial. Como entender então que, entre os dons do Espírito, esteja esse dom do Temor? É o que hoje iremos refletir, para compreender que a Piedade e o Temor não são dons que se excluem, mas que se completam.

2 Desde logo, precisamos lembrar que o dom do Temor não se refere ao respeito que devemos a Deus, nem nos quer levar ao medo ou à desconfiança diante do Pai. É natural que nos faça temer a lembrança da infinita Justiça de

Deus, pois, sendo Ele perfeitíssimo, não poderá deixar de ser justo, aprovando o bem, e condenando o mal. Por este temor é que alguém poderá evitar o pecado, e os teólogos o classificam como temor servil; é que, nesse caso, a pessoa não ama propriamente a Deus, mas apenas teme o castigo que poderia merecer. E este temor servil nada tem a ver com o dom do Temor.

3 Não nos podemos esquecer que o Espírito Santo é o amor entre o Pai e o Filho. Seus dons, portanto, só podem nascer do amor, levando-nos, por esse amor, à união cada vez mais perfeita com Deus. Compreendemos então que o dom do Temor não se refira ao castigo de alguma culpa, mas ao medo de perdermos a amizade com o Pai, afastando-nos, com isso, d'Aquele que é o amor perfeitíssimo. Temer, sim, o pecado; não, porém, pelo castigo que ele implica, mas pelo mal que ele representa para nós, ou seja, a ofensa a Deus, com a consequente perda do Amor.

4 Vemos assim que o dom do Temor só pode nascer de nosso amor ao Pai, no qual encontramos o Bem supremo, a bondade infinita. Porque o amamos, e só por isso, tememos perder esse Amor perfeitíssimo, no qual gozamos, já neste mundo, uma quase antecipação de nossa felicidade eterna. Não se trata, portanto, de um temor servil, medo próprio de escravos, mas de um temor filial, feito de amor e confiança, diante de um Pai que não queremos perder.

5 É nesse temor filial que vamos encontrar o princípio da sabedoria que marcou a vida dos Santos. No Livro de Jó lemos: "Eis o temor de Deus! Isto é a sabedoria" (28,28). E compreendemos que esse temor filial seja a sabedoria, porque ele nos prende a Deus, fazendo-nos fugir a tudo o que nos pudesse afastar do amor e dedicação ao Pai.

Viver continuamente o amor a Deus – não será essa a mais sublime sabedoria que podemos desejar? Por isso o Eclesiástico define bem: "Afastar-se de Deus – esse é o início da soberba do homem" (10,12); mas: "Temer a Deus – esse é o início da sabedoria" (Id. 1,18).

6 Por esse temor filial chegamos a uma atitude de profunda humildade diante do Pai. É que toda nossa sabedoria deve começar por aí: reconhecer nosso nada ante a infinita grandeza de Deus. E que esse Deus nos ame com um amor infinito, que Ele perdoe nossas culpas, e queira-nos eternamente em sua glória, só mesmo sendo Ele Pai. E quem poderia pensar em perder a esse Pai? Esse temor de perdermos o amor com que Deus nos ama – aí está o dom que o Espírito nos comunica.

7 É também pelo dom do Temor que chegamos à pobreza e desprendimento que os santos praticaram, e com tanta perfeição. Que valor poderá ter o mundo, com todos os seus atrativos, para quem possui a infinita riqueza de Deus? Nenhum, certamente. No entanto, somos humanos; e bem mais do que geralmente pensamos. Daí o cuidado que tiveram os santos diante dos bens deste mundo, louvavam e agradeciam a Deus por tudo, mas não se prendiam a nada. É certo que este desprendimento exige de nós sacrifícios e renúncias, em uma contínua preocupação de não nos deixarmos prender ou escravizar por tudo aquilo que nos leve ao esquecimento de Deus. E esta preocupação terá que ser alimentada pelo dom do Temor. Por ele é que chegaremos a ser pobres de tudo, e ricos somente de Deus.

REFLEXÃO

1 - Nosso temor diante de Deus não estará sendo mais um temor servil do que filial?
2 - Há em nossa vida essa preocupação de evitarmos tudo o que nos possa afastar de Deus?

3 - Não temos sido demasiado condescendentes com nossos defeitos e faltas?

Dirigente: Vamos pedir agora ao Espírito Santo que ponha em nossa vida esse dom do Temor, que nos faça evitar todas as faltas voluntárias, e nos leve a desejar sinceramente a amizade com o Pai. Para que não facilitemos diante das ocasiões de pecar.

Todos: **Ó Espírito Santo, fazei-nos viver em vosso amor!**

Dirigente: Para que saibamos aceitar todas as renúncias e sacrifícios, a fim de não perdermos a riqueza infinita de Deus.

Todos: **Ó Espírito Santo, fazei-nos viver em vosso amor!**

Dirigente: Para que o pensamento da grandeza de Deus leve-nos sempre mais à confiança e ao amor que devemos ao Pai.

Todos: **Ó Espírito Santo, fazei-nos viver em vosso amor!**

Dirigente: Ó Espírito Santificador, presente em todos nós, guardai-nos de todo mal, e livrai-nos de qualquer falta que nos possa levar para longe do Pai! Com Ele queremos viver neste mundo, até que, um dia, seja Ele nossa Riqueza definitiva, na glória eterna que seu amor nos preparou. Glória ao Pai, ao Filho, ao Espírito Santo...
Todos: **Ó Espírito Santo, fazei-nos viver em vosso amor!**

Oração final (p. 4)

A PALAVRA DE DEUS

"A coroa da Sabedoria é o temor de Deus, o qual faz florescer a paz e a salvação; ele faz descer a ciência qual uma chuva, e exalta a glória daqueles que o possuem" (Eclo 1,16-18).

SUGESTÃO

Levar, com muito amor, uma pequena esmola aos pobres de sua Comunidade.

VINDE, Ó SANTO ESPÍRITO

Vinde, ó Santo Espírito,/ as nossas almas visitai,/ enchei nossos corações/ com vossa graça divinal.

Vós sois chamado o Intercessor,/ o Dom de Deus altíssimo,/ a Fonte viva, o Fogo, o Amor,/ e a espiritual Unção.

Sois doador dos sete dons,/ e sois poder na mão do Pai:/ por este transmitido a nós,/ enriqueceis a nossa voz.

Iluminai nosso entender,/ em nós vertei o vosso amor,/com vossa graça eternal,/ o fraco em nós robustecei.

Nosso inimigo repeli,/ e dai-nos logo vossa paz./ E, tendo um guia como vós,/ evitaremos todo mal.

Fazei-nos conhecer o Pai,/ e o Filho revelai também,/ e que de ambos procedeis,/ fazei-nos firmemente crer.

Glorifiquemos a Deus Pai,/e ao Filho que ressuscitou,/ e ao Espírito de Deus,/ por todo o sempre. Amém!

AO DIVINO ESPÍRITO SANTO

("Sequência" de Pentecostes)

Vinde, ó Espírito Santo, e enviai-nos do céu um raio de vossa luz.
Vinde, Pai dos pobres, vinde, dispensador dos dons, vinde, luz dos corações.
Consolador magnífico, doce hóspede das almas, refrigério suavíssimo.
Descanso no trabalho, brisa no estio ardente, consolação na dor. Ó luz formosíssima, inundai os corações de vossos fiéis.
Sem o vosso auxílio divino, nada há de puro no homem, pobre de todo o bem. Lavai o coração sórdido, regai a secura das almas, curai as nossas feridas.
Abrandai a dureza dos homens, aquecei os tíbios, dirigi os transviados. Concedei aos fiéis que em vós confiam, vossos sete dons.
Dai-lhes o prêmio da virtude, conduzi-os ao porto da salvação, concedei-lhes o gozo eterno.
Amém.

PARA PEDIR A INSPIRAÇÃO DO ESPÍRITO SANTO

(Cardeal Verdier)

Ó Espírito Santo, Amor do Pai e do Filho, inspirai-me sempre o que devo pensar, o que devo dizer, como devo dizê-lo, o que devo calar, o que devo escrever, como devo agir, o que devo fazer para obter vossa glória, o bem das almas e minha própria santificação!

CÂNTICOS AO DIVINO ESPÍRITO SANTO

1. A NÓS DESCEI

A nós descei Divina Luz, a nós descei Divina Luz! Em nossas almas acendei o amor, o amor de Jesus!

1. Sem vós, Espírito Divino, cegos, só podemos errar e do mais triste desatino, e do mais triste

desatino, no mais profundo abismo, sem fim, sem fim penar.

2. O negro inferno nos faz atroz guerra; contra nós arma o mundo sedutor; tudo é para nós perigo nesta terra; sois vós, sois vós nosso libertador; sois vós, sois vós nosso libertador.

2. SENHOR, QUEM ENTRARÁ?

1. Senhor, quem entrará no santuário/ pra te louvar? (bis) Quem tem as mãos limpas/ e o coração puro. Quem não é vaidoso/ e sabe amar. (bis)

2. Senhor, eu quero entrar no santuário / pra te louvar. (bis) Ó dá-me mãos limpas / e um coração puro, arranca a vaidade, / ensina-me a amar. (bis)

3. Senhor, já posso entrar no santuário / pra te louvar. (bis) Teu sangue me lava,/ teu fogo me queima. O Espírito Santo/ inunda meu ser. (bis)

3. CANTAI AO SENHOR

1. Cantai ao Senhor um cântico novo. (3v.) / Cantai ao Senhor, cantai ao Senhor!
2. Porque Ele fez, Ele faz maravilhas. (3v.) / Cantai ao Senhor, cantai ao Senhor!
3. É Ele quem dá o Espírito Santo. (3v.) / Cantai ao Senhor, cantai ao Senhor!
4. Jesus é o Senhor, Amém, Aleluia. (3v.) / Cantai ao Senhor, cantai ao Senhor!

4. ALABARÉ

Eu louvarei, eu louvarei, eu louvarei ao meu Senhor! (bis)

1. João viu o mundo dos redimidos e todos louvavam ao Senhor./ Uns oravam, outros cantavam e todos louvavam ao Senhor.
2. Todos unidos, alegres cantavam,/ glória e louvores ao Senhor./ Glória ao Pai, glória ao Filho,/ glória ao Espírito de amor.
3. Somos filhos de ti, Pai eterno,/ tu nos criaste por amor./ Nós te adoramos, te bendizemos / e todos cantamos teu louvor.

5. SEGURA NA MÃO DE DEUS

1. Se as águas do mar da vida/ quiserem te afogar,/ segura na mão de Deus e vai./ Se as tristezas desta vida/ quiserem te sufocar,/ segura na mão de Deus e vai.

Segura na mão de Deus,/ segura na mão de Deus./ Pois ela, ela te sustentará./ Não temas, segue adiante/ e não olhes para trás./ Segura na mão de Deus e vai.

2. Se a jornada é pesada/ e te cansas na caminhada,/ segura na mão de Deus e vai./ Orando, jejuando,/ confiando e confessando,/ segura na mão de Deus e vai.

3. O Espírito do Senhor/ sempre te revestirá,/ segura na mão de Deus e vai./ Jesus Cristo prometeu/ que jamais te deixará,/ segura na mão de Deus e vai.

6. VÓS SOIS O MISTÉRIO, SENHOR

Vós sois o mistério, Senhor, nós vos contemplamos no amor! (bis)

1. Vinde, Espírito Santo,/ vós sois o amor do Pai e do Filho,/ o Espírito de comunhão.
2. Vinde, Espírito Santo,/ vós sois o mistério de amor,/ que dá vida e fecundidade.
3. Vinde Espírito Santo,/ vós sois a luz que nos ilumina/ e nos aquece no seu fogo abrasador.
4. Vinde Espírito Santo,/ vós sois o Deus que nos invade/ como o vento que sopra onde quer.

7. PÕE TUA MÃO

1. Põe tua mão na mão do meu Senhor da Galileia. Põe tua mão na mão do meu Senhor que acalma o mar.
2. Meu Jesus que cuida de mim noite e dia sem cessar. Põe tua mão na mão do meu Senhor que acalma o mar

8. ENVIA TEU ESPÍRITO, SENHOR

Envia teu Espírito, Senhor,/ e renova a face da terra. (bis)

1. Bendize, minha alma, ao Senhor./ Senhor, meu Deus, como és tão grande.

2. Como são numerosas as tuas obras,/ Senhor, a terra está cheia das tuas criaturas.

3. Quando ocultas tua face, elas se perturbam;/ quando lhes tiras sua vida, voltam ao seu nada.

4. Seja ao Senhor eterna glória,/ alegre-se Ele em suas obras.

5. Que o meu canto ao Senhor seja agradável,/ é nele que está minha alegria.

9. NOSSA CIDADE SERÁ ABENÇOADA

Nossa cidade será abençoada,porque o Senhor vai derramar o seu amor! (bis)
Derrama, Senhor, derrama, Senhor,
Derrama sobre ela o teu amor! (bis)

ÍNDICE